T0101831

LORENA PAJALUNGA

DINO YOGA

ILUSTRACIONES DE
ANNA LÁNG

TRADUCCIÓN DE
ISABEL C. MENDOZA

VISTA™

INTRODUCCIÓN

La idea detrás de las asanas (o posturas) y las pequeñas meditaciones que se proponen en este libro se basa principalmente en una visión del mundo infantil y de la atracción inmediata que ejercen en los niños los dinosaurios y su universo. Es una pasión de los niños que no pasa de moda y es continua: recuerdo la curiosidad interminable que sentían mis hijos (ahora en los treinta) respecto a cada detalle sobre la vida de estos gigantes del pasado, y veo la misma curiosidad en los pequeños con los que me relaciono hoy.

Por otro lado, ¡la combinación del yoga y los dinosaurios es algo verdaderamente revolucionario! Y podría parecer un enfoque poco común, a menos que se presente a los dinosaurios a través de los aspectos más emocionales y las pequeñas dificultades que hasta las crías de estos gigantes experimentan, EXACTAMENTE igual que les sucede a nuestros niños. Su cuerpo imperfecto, las emociones que emergen de la timidez, de no saber cómo manejar el propio enojo o su desbordante energía: ¡cosas que amenazan con abrumarlos!

De esta manera, estas prácticas sencillas, alternadas con las meditaciones que se sugieren, ayudan al niño a ser consciente de estas emociones y estados de ánimo UNIVERSALES, a experimentarlos y transformarlos.

Las meditaciones que propongo, ya sea que las hagan solos o en compañía de un adulto, ayudarán a los niños a calmarse sin dejar de estar concentrados y enérgicos, a transformar las emociones destructivas (como las llama el budismo) en compasión y amabilidad hacia sí mismos y hacia todos los habitantes del planeta, incluyendo la Madre Tierra, a los cuales todos nosotros debemos cuidar.

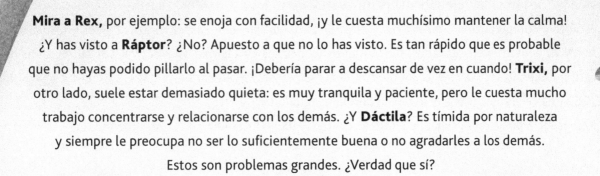

Bienvenidos
a la Escuela Jurásica de Yoga
del **maestro Diplo.** Yo soy el maestro Diplo.
¿Qué hacemos aquí? Todos los días, tratamos de
conocernos a nosotros mismos un poco más,
a querernos los unos a los otros y a superar,
juntos, lo que no nos hace sentir bien.

Mira a Rex, por ejemplo: se enoja con facilidad, ¡y le cuesta muchísimo mantener la calma!
¿Y has visto a **Ráptor**? ¿No? Apuesto a que no lo has visto. Es tan rápido que es probable
que no hayas podido pillarlo al pasar. ¡Debería parar a descansar de vez en cuando! **Trixi,** por
otro lado, suele estar demasiado quieta: es muy tranquila y paciente, pero le cuesta mucho
trabajo concentrarse y relacionarse con los demás. ¿Y **Dáctila**? Es tímida por naturaleza
y siempre le preocupa no ser lo suficientemente buena o no agradarles a los demás.
Estos son problemas grandes. ¿Verdad que sí?

Pero yo puedo ayudarlos a todos gracias al yoga: ¡pruébalo tú mismo y descubre, con
nosotros, posturas y meditaciones diseñadas para ayudarnos a transformar nuestras
dificultades en energía y fortaleza!

¡COMENCEMOS!

REX

RÁPTOR

TRIXI

DÁCTILA

POSTURA DEL ÁRBOL

VRKS-ASANA

Soy muy tranquila y me distraigo con facilidad, por eso, a veces, me pierdo cuando camino por el bosque. ¡El maestro Diplo me enseñó la postura del árbol para ayudarme a concentrar! Lo único difícil es mantener el equilibrio. ¡Es más fácil si poso la mirada en un punto fijo delante de mí! Inténtalo. Comienza de pie, con la espalda bien recta, y luego pon todo tu peso en tu pie derecho hasta que estés parado en la pierna derecha sin perder el equilibrio. Entonces, levanta del suelo tu pie izquierdo y apoya la planta del pie sobre la parte interior de tu muslo derecho. Espera a que tu cuerpo esté estable y completamente quieto. Entonces, levanta las ramas del árbol con tus brazos y dispérsalas sobre tu cabeza, bien estiradas, hasta juntar las palmas de las manos. Imagina que tu pie derecho está hundiendo sus fuertes raíces dentro de la tierra: esto te ayudará a sentirte más fuerte y seguro. ¿Cuántas veces alcanzas a respirar sin perder el equilibrio?

Regresa a la posición inicial, encuentra tu calma, ¡y luego inténtalo con la otra pierna!

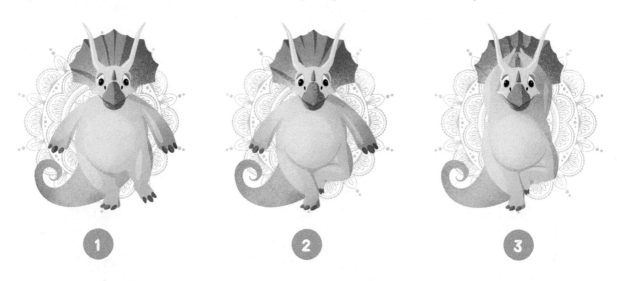

1	2	3
DE PIE, PON TODO TU PESO EN LA PIERNA DERECHA Y FIJA LA MIRADA EN UN PUNTO FRENTE A TI.	LEVANTA EL PIE IZQUIERDO Y APOYA LA PLANTA SOBRE LA PARTE INTERIOR DEL MUSLO DERECHO, SIN PERDER EL EQUILIBRIO.	LEVANTA LOS BRAZOS LENTAMENTE, LLÉVALOS ESTIRADOS SOBRE LA CABEZA Y UNE LAS PALMAS DE LAS MANOS. LUEGO, REPITE CON LA OTRA PIERNA.

POSTURA DE LA SILLA

UTKATA-ASANA

La postura de la silla fortalece mis patas traseras, haciéndolas más fuertes y flexibles. No soy delgada, así que me cuesta mucho pararme en dos patas: ¡esta postura es todo un reto para mí! Imagina que te conviertes en una silla y que invitas a un amigo a sentarse sobre tus muslos: con tus pies un poco separados, inhala y estira con fuerza los brazos sobre la cabeza, apuntando al cielo con ellos, como si arrancaras frutas de las ramas de un árbol. Luego, dobla las rodillas y mantente en esta postura mientras respiras unas cuantas veces ¡para que desarrolles brazos y piernas invencibles!

1 PÁRATE CON LOS PIES SEPARADOS A UNA DISTANCIA IGUAL AL ANCHO DE TUS CADERAS.

2 INHALA Y EXTIENDE TUS BRAZOS POR ENCIMA DE LA CABEZA, CON LAS PALMAS DE LAS MANOS PARALELAS Y LOS DEDOS UNIDOS. MANTÉN LA ESPALDA RECTA.

3 DOBLA LAS RODILLAS COMO SI ALGUIEN SE FUERA A SENTAR EN TU SILLA IMAGINARIA. TEN CUIDADO DE NO INCLINAR EL PECHO DEMASIADO HACIA ADELANTE.

POSTURA DEL GUERRERO PACÍFICO

SHANTI-VIRABHADRASANA

Mi cuerpo acorazado puede hacerme ver amenazante, pero en realidad soy una vegetariana muy tranquila. Sin embargo, a veces, siento el peso de mis cuernos. ¡Así que el maestro Diplo me enseñó a fortalecer mi cuerpo! ¿Te interesa?

Así es como se hace: ponte de pie con la espalda recta; ahora, estira la pierna derecha hacia atrás y rota el pie hacia afuera; dobla la rodilla izquierda, luego desliza la mano derecha por el muslo derecho, hacia abajo. Mientras inhalas, levanta el brazo izquierdo hacia el cielo y hacia atrás. Mantén la cabeza muy quieta, ¡como si tuvieras un collar de triceratops como el mío sosteniéndotela!

1	2	3
DA UN PASO LARGO HACIA ATRÁS CON LA PIERNA DERECHA, Y VOLTEA EL PIE HACIA AFUERA.	DOBLA LA RODILLA IZQUIERDA, ALINEÁNDOLA CON EL PIE. INHALA Y LEVANTA EL BRAZO IZQUIERDO, ESTIRÁNDOLO HACIA EL CIELO Y LUEGO HACIA ATRÁS. TU ESPALDA ESTÁ ARQUEADA.	DESLIZA LA MANO DERECHA POR EL MUSLO DERECHO, HACIA ABAJO. INHALA, EXPANDIENDO EL PECHO Y EL ESPACIO DONDE ESTÁ TU CORAZÓN. REPITE CON EL OTRO LADO.

MEDITACIÓN DEL GUERRERO

A veces, me pierdo en mis pensamientos, y no me resulta fácil mantener la atención en una sola cosa, ni siquiera cuando el maestro Diplo enseña las lecciones. Él lo ha notado, obviamente, y me ha enseñado una manera de mantenerme concentrada. Esto es lo que aprendí: en la postura tadasana, o de la montaña, me paro derecha con los brazos a los lados, con el ojo atento, con el fin de tener una amplia visión de 180 grados.

Me concentro en mi respiración, visualizando una pequeña perla en el centro de mi corazón. Inhalo y me imagino que la perla sube a la cabeza; cuando exhalo, baja de nuevo al corazón.

Esta práctica activa la energía y nos pone alerta, concentrados y atentos.

POSTURA DEL GUERRERO 2

VIRABHADRA-ASANA 2

Reconozco que me enojo con facilidad, y, cuando eso sucede, ¡me cuesta mucho controlarme! Antes, cuando llegaba a un lugar, por lo general todos huían... Pero desde que estoy practicando yoga, mis amigos han notado mi cambio, y ahora entienden que también tengo un lado delicado y amable. Déjame explicarte cómo puedes retomar la calma y contener tu enojo. ¡Comencemos! Ponte de pie, abre las piernas, abre los brazos y expande tu corazón. Gira el pie derecho hacia afuera y dobla la rodilla. Voltea la cabeza y dirige la mirada más allá de tus dedos: en línea recta como una flecha, para indicar el punto hacia el cual canalizarás la energía que normalmente se convierte en enojo. Saca el enojo fuera de ti, y respira la fresca brisa de la mañana: sentirás que, con cada inhalación y exhalación, algo cambia dentro de ti...

1

DE PIE, CON LAS PIERNAS ABIERTAS, ABRE LOS BRAZOS HACIA LOS LADOS, MANTENIÉNDOLOS ALINEADOS CON TUS HOMBROS.

2

GIRA EL PIE DERECHO HACIA AFUERA Y DOBLA LA RODILLA, MANTENIÉNDOLA ALINEADA CON EL TOBILLO. MANTÉN EL PECHO ABIERTO.

3

GIRA SOLAMENTE LA CABEZA HACIA LA MANO QUE APUNTA ADELANTE, CON LA PALMA HACIA ARRIBA. MIRA MÁS ALLÁ DE LA MANO. REPITE CON EL OTRO LADO.

POSTURA DE LA MANO SOBRE EL DEDO GORDO DEL PIE

UTTHITA HASTA PADANGUSTHASANA

Mis patas delanteras son muy cortas, lo sé. Tan cortas que no puedo tocarme la punta de los dedos de los pies. Pero el maestro Diplo tiene soluciones para todo, y, para ayudarme a hacer esta postura de equilibrio, me ha sugerido que use un tallo de vid flexible pero resistente. Quizás puedes tocarte los pies con las manos. Si no, inténtalo conmigo: párate, levanta el pie izquierdo y, si quieres, pasa el tallo (puedes usar el cinturón de una bata de baño) por debajo del pie. Estira la pierna izquierda hacia adelante y, al mismo tiempo, estira tu brazo derecho hacia arriba, fijándote en que se sienta fuerte y activo. ¡Para no perder el equilibrio, fija la mirada en un punto específico ubicado frente a ti!

1

PARADO, CON LOS PIES JUNTOS, SOSTÉN TODO TU PESO CON TU PIERNA DERECHA, LEVANTA EL PIE IZQUIERDO Y PASA EL CINTURÓN DE UNA BATA DE BAÑO POR DEBAJO DEL PIE.

2

ESTIRA LA PIERNA IZQUIERDA HACIA ADELANTE SIN PERDER EL EQUILIBRIO NI DOBLAR LA COLUMNA.

3

ESTIRA EL BRAZO DERECHO HACIA ARRIBA, COMO SI QUISIERAS AGARRAR UN GANCHO QUE CUELGA DEL CIELO.

POSTURA SENTADA DE LA MANO SOBRE EL DEDO GORDO DEL PIE

ADHO UTTHITA HASTA PADANGUSTHASANA

¡Esta postura es un verdadero reto para aquellos que, como yo, pierden con facilidad la calma y la concentración!

En la postura anterior, mientras todavía estés en equilibrio, trata de doblar la rodilla derecha de manera que tu cuerpo baje lo más que puedas. La parte delantera de tu pie derecho sostendrá ahora tu peso, y tu glúteo se apoyará en el talón. ¿Serías capaz de regresar a la postura inicial, parado sobre los dos pies, sin perder el equilibrio?

1

PONTE EN LA POSTURA ANTERIOR, MANTENIENDO EL EQUILIBRIO CON LA AYUDA DEL CINTURÓN DE UNA BATA DE BAÑO.

2

DOBLA LA RODILLA DERECHA Y BAJA LENTAMENTE HASTA QUE TU GLÚTEO SE APOYE EN EL TALÓN DERECHO: TU PESO PASARÁ DE MANERA ESPONTÁNEA A LA PARTE DELANTERA DE TU PIE DERECHO A MEDIDA QUE TU TALÓN SE LEVANTA.

3

TRATA DE REGRESAR A LA POSICIÓN INICIAL, DESCANSA Y LUEGO REPITE CON EL OTRO LADO.

METTA, MEDITACIÓN DE LA AMABILIDAD CON CARIÑO

Quiero mucho a mis amigos, y, gracias al maestro Diplo, he aprendido a transformar la energía que antes dedicaba al enojo en amor y amabilidad, y puedo transmitírselos a quienes me rodean. Intentémoslo juntos: sentémonos en el suelo con las piernas cruzadas. Ahora, concentrémonos en la respiración: tenemos que estar tranquilos para poder sentir el aire que entra y sale de nuestro cuerpo. Cuando inhalo, me lleno de luz; cuando exhalo, me lleno de paz. Ahora concentrémonos en el espacio que ocupa el corazón, y decidamos que seremos cariñosos con nosotros mismos y con los demás.

Repito estas palabras mentalmente, dirigiéndolas primero a mí mismo:

Que yo siempre esté seguro(a)
Que yo siempre esté saludable y fuerte
Que yo siempre esté feliz
Que yo siempre esté sereno(a) y en paz

Ahora, puedo propagar ese amor a todos los que me rodean:

Que siempre estés seguro(a)
Que siempre estés saludable y fuerte
Que siempre estés feliz
Que siempre estés sereno(a) y en paz

POSTURA DE LA TABLA

CHATURANGA UTTIHITA DANDASA

Siempre estoy muy nervioso y, aunque quiera, ¡no puedo quedarme quieto! Gracias al yoga y a la meditación, he encontrado la manera de descubrir y escuchar mi lado más amable, la parte que casi nunca escucho, ¡ya que siempre me estoy moviendo!

Vamos, ¿qué estamos esperando? ¡Intentémoslo juntos! Agáchate hacia adelante y apoya la palma de las manos en el suelo, a los lados de los pies. Salta hacia atrás con los pies JUNTOS... ¡Nadie me gana haciendo esto! Alinea tu cuerpo como si fuera una tabla y quédate en esa postura: ¡se necesita mucha concentración para lograr quedarse inmóvil! Como siempre, la respiración te ayudará: no dejes de respirar, pero pon atención al flujo de aire que entra y sale.

1

COMIENZA DE PIE, MUY DERECHO. AGÁCHATE HACIA ADELANTE Y COLOCA LAS MANOS SOBRE EL SUELO.

2

SALTA HACIA ATRÁS CON LOS PIES JUNTOS.

3

ESTIRA TODO TU CUERPO, ¡Y ALINÉALO COMO SI FUERA UNA VARA! TUS BRAZOS ESTÁN EXTENDIDOS Y SE SIENTEN FUERTES. NO DEJES QUE TU BARRIGA O TU PECHO SE BAJEN HACIA EL SUELO: MANTENLOS TAN FUERTES Y RÍGIDOS COMO UNA TABLA DE MADERA.

POSTURA DE LA TABLA LATERAL

SANTOLASANA

Si lograste quedarte un buen rato en la postura anterior... pues, ¡felicitaciones! Ahora, gira lentamente hacia el lado derecho, observa el mundo jurásico que te rodea, ¡y sonríe con una gran sonrisa! Trata de mantener el equilibrio apoyándote en tu mano derecha y en la parte exterior del pie derecho. Tu cuerpo debe sentirse fuerte y recto como una vara. Gira la cabeza y la mirada hacia la mano izquierda, que está apuntando hacia el cielo. Para vencer la fatiga que genera esta postura, concéntrate en el ritmo de tu respiración.

1
ESTANDO EN LA POSTURA DE LA TABLA, LEVANTA EL BRAZO IZQUIERDO Y GIRA HACIA LA DERECHA DE MANERA QUE TU PECHO QUEDE HACIA EL FRENTE. EL LADO EXTERNO DE TU PIE DERECHO DEBE ESTAR APOYADO FIRMEMENTE SOBRE EL SUELO, Y TU PIE IZQUIERDO DEBE ESTAR APOYADO SOBRE EL DERECHO.

2
MANTÉN EL EQUILIBRIO Y LUEGO EXTIENDE LA MANO IZQUIERDA EN POSICIÓN VERTICAL.

3
GIRA LA MIRADA HACIA LA MANO QUE ESTÁ LEVANTADA. LUEGO, REPITE CON EL OTRO LADO, PASANDO PRIMERO POR LA POSTURA DE LA TABLA.

POSTURA LATERAL CON LA PIERNA ESTIRADA

VASHISHTHASANA

Todos saben que soy el más ágil de los dinosaurios, pero el maestro Diplo me ha enseñado a volverme todavía más ágil... Como me encantan los retos, lo intenté muchas veces hasta que lo logré. Ahora, es tu turno. ¿Estás listo? Comienza con la postura anterior. Luego, dobla la rodilla de la pierna que está arriba y, con la mano, agárrate el dedo gordo del pie. Exhala y extiende la pierna en posición vertical, manteniendo la vista hacia arriba. ¡Intenta también con el otro lado! ¿Quién hubiera pensado que te ibas a sentir tan ágil, ligero y elegante?

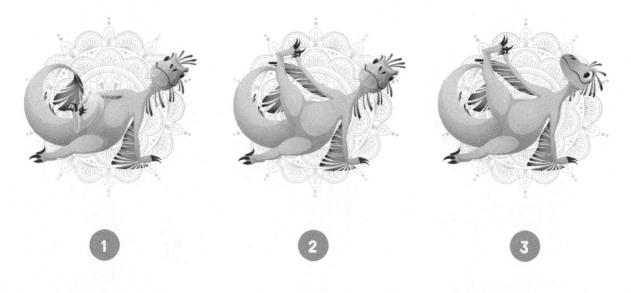

1

EN SANTOLASANA, DOBLA LA RODILLA DE LA PIERNA QUE ESTÁ ARRIBA Y AGÁRRATE EL DEDO PULGAR DEL PIE.

2

EXTIENDE LA RODILLA Y LEVANTA LA PIERNA EN POSICIÓN VERTICAL.

3

GIRA LA CABEZA Y DIRIGE LA MIRADA HACIA EL PULGAR DEL PIE QUE ESTÁ ELEVADO. LUEGO, REPITE CON EL OTRO LADO.

MEDITACIÓN DE NO HACER NADA

Me gusta mucho el yoga, así que le pedí al maestro Diplo que me enseñara nuevas posturas. Sin embargo, lo que me enseñó en lugar de eso fue algo diferente, algo que me dejó fascinado: aprender a permanecer quieto para experimentar la calma y la serenidad. Para mí, parecía ser el reto más difícil de todos, pero... ¡guau, fue increíble! ¡Inténtalo tú también! Acostado sobre tu lado derecho, dobla la rodilla izquierda y colócala sobre el suelo frente a ti. Dobla el codo izquierdo y toca con él la rodilla izquierda, manteniéndolos ambos relajados y apoyados en el suelo. Respira lenta y profundamente, inhalando por la nariz y exhalando por la boca. Con cada exhalación, expulsa todos tus pensamientos fuera de tu espacio como formando una enorme nube gris que se aleja y se disuelve lentamente.

Con cada inhalación, llénate de frescura, calma y serenidad. Si, de vez en cuando, te llegan pensamientos, no hagas nada: solo déjalos fluir, como nubes que pasan frente al sol. Quédate en esta postura hasta que sientas silencio y calma.

POSTURA DE LA MANO EXTENDIDA HASTA EL DEDO GORDO DEL PIE

UTTHITA-HASTA-PADANGUSTHASANA

¡Mi primer vuelo… qué miedo! Estaba aterrorizada: ¿qué pasa si no soy lo suficientemente buena? ¿Y si todos los amigos que vinieron a verme volar por primera vez se ríen de mí? Pero, con su largo cuello, el maestro Diplo se acercó a mi oído y me susurró: "Te enseñaré a abrir las alas sin temor a caerte". ¡Y así fue! De manera que, créeme: sé lo que sientes cuando estás asustado, pero juntos podemos vencer el miedo. ¡Comencemos! Párate derecho, sostén tu peso sobre tu pie izquierdo y agarra el pie derecho con la mano derecha. Gira la cadera derecha y estira la pierna hacia un lado manteniendo el equilibrio sobre tu pie izquierdo. Trata de estirar completamente la rodilla sin caerte. El secreto está en encontrar el punto máximo hasta donde puedes estirar la pierna sin excederte… ¡No vayas a prisa! Y recuerda concentrar tu atención y tu mirada en un punto específico ubicado frente a ti.

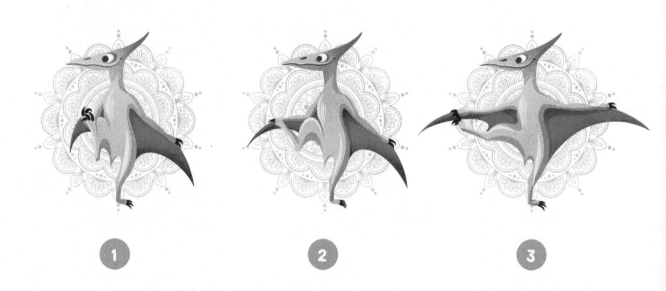

1

DE PIE, AGÁRRATE EL PIE DERECHO CON LA MANO DERECHA, LLEVANDO LA RODILLA CERCA DEL PECHO.

2

GIRA LA CADERA DERECHA HACIA AFUERA, MANTENIENDO EL EQUILIBRIO SOBRE TU PIE IZQUIERDO.

3

ESTIRA LA RODILLA DERECHA LENTAMENTE, SIN SOLTAR EL PIE. DESPUÉS, REPITE CON EL OTRO LADO.

POSTURA
DEL CAMELLO

USTRASANA

¡Cuando estoy volando, en lo alto, me siento tan feliz! No tener miedo es una sensación maravillosa. Me siento como si estuviera levantando mi corazón hasta el cielo. Me gustaría que tú también trataras de abrirte al mundo, sin miedo. Comienza así: arrodíllate en el suelo, luego empuja la pelvis y los muslos hacia adelante, arqueándote hacia atrás hasta que las manos estén apoyadas en los talones y la cabeza, inclinada hacia atrás. Expande el pecho y siente el centro de tu corazón abriéndose hacia el cielo. Respira profundamente para que sientas la confianza que va creciendo dentro de ti.

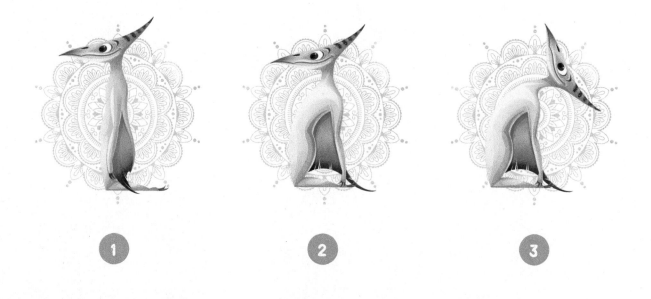

1

ARRODÍLLATE, CON LA PELVIS Y LOS MUSLOS ALINEADOS, PERPENDICULARES AL SUELO.

2

EXPANDE EL PECHO Y ARQUÉATE HACIA ATRÁS HASTA APOYAR LAS MANOS EN LOS TALONES. ASEGÚRATE DE NO MOVER LA PELVIS HACIA ATRÁS.

3

DEJA CAER LA CABEZA HACIA ATRÁS POR COMPLETO. ESCUCHA EL ESPACIO DE TU CORAZÓN A MEDIDA QUE SE EXPANDE, RESPIRACIÓN TRAS RESPIRACIÓN.

POSTURA DE LA RUEDA

CHAKRASANA

Mi cuerpo forma un gran arcoíris que me hace sentir que soy parte del universo entero. ¡Mi propósito es abrirme al mundo y hacer nuevos amigos!

Acuéstate en el suelo con las rodillas dobladas, y coloca las palmas de las manos debajo de tus hombros, ¡como si fueras a hacer una vuelta de campana hacia atrás! Levántate del suelo para hacer un arcoíris con tu cuerpo. Siente tu corazón a punto de explotar de alegría y positivismo.

Cuando hayas terminado de hacer esta postura, escucha el eco que deja en ti. De esta manera, podrás recordar la sensación cuando necesites encontrar paz después de una tormenta de emociones, grandes o pequeñas.

1

ACUÉSTATE BOCARRIBA EN EL SUELO, CON LAS RODILLAS DOBLADAS Y LAS PLANTAS DE LOS PIES SOBRE EL SUELO.

2

COLOCA LAS PALMAS DE LAS MANOS DEBAJO DE LOS HOMBROS, APUNTANDO CON LOS CODOS HACIA ARRIBA.

3

EMPUJA HACIA ABAJO LAS PALMAS DE LAS MANOS Y LAS PLANTAS DE LOS PIES AL MISMO TIEMPO, PRESIONANDO CON FUERZA CONTRA EL SUELO PARA LEVANTARTE Y ESTIRAR EL CUERPO COMPLETO LO MÁS QUE PUEDAS: BRAZOS, PIERNAS, PELVIS Y ESPALDA.

MEDITACIÓN DE CORAZÓN Y LOS MUDRAS QUE AYUDAN A ESCUCHAR

A veces, me sentía tan preocupada y asustada que quería simplemente desaparecer. Pero ahora, gracias al maestro Diplo, sé cómo despertar la energía que necesito para confrontar cada situación. ¡Intentémoslo juntos! Ponte en la postura vajrasana, es decir, sentado sobre tus talones, y escucha tu respiración hasta que se haga profunda y tranquila.

1 Centra tu atención en el espacio que hay delante de tu corazón, y respira cinco veces con las manos frente a tu corazón y las palmas hacia arriba: este es el espacio de la **autoconfianza.**

2 Coloca los brazos cruzados con las manos sobre el pecho y, mientras respiras cinco veces, visualiza el espacio que hay detrás de tu corazón: este es el espacio del **perdón.**

3 Llévate las manos a los oídos y visualiza el espacio que hay a la izquierda de tu corazón. Respira y escucha tu voz interior: este es el espacio de **escuchar.**

4 Entra al espacio de la energía de la **acción:** junta las palmas de las manos frente a tu corazón y visualiza el espacio que hay a su derecha mientras respiras al menos cinco veces.

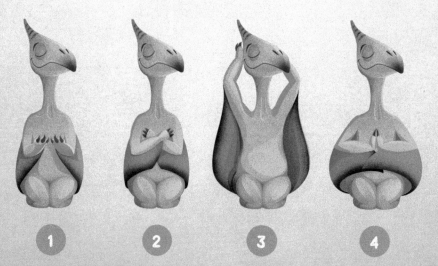

Repite los cuatro mudras (gestos hechos con las manos), y luego elige el que corresponde a la energía que más estés necesitando y quédate en él mientras respiras varias veces.

MOVIMIENTOS CON EL CUELLO

GRIVA SANCHALANA

Querido amigo, ¿a cuál de los pequeños dinosaurios te pareces más?

Déjame que te observe y... ¡ayayay! Doblar mi largo cuello hacia el suelo ya no es tan fácil como cuando estaba joven... Por casualidad, ¿conoces adultos que tengan el mismo problema? Te voy a enseñar algunos movimientos que les puedes mostrar. Hazlos tú, primero.

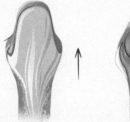 

1 SIÉNTATE CON LA COLUMNA BIEN RECTA. EXHALA Y BAJA LA CABEZA HASTA TOCAR EL PECHO CON EL MENTÓN. INHALA, LEVANTA LA CABEZA Y EL MENTÓN, Y MIRA HACIA EL CIELO.

2 DOBLA LA CABEZA, PRIMERO HACIA UN LADO Y LUEGO HACIA EL OTRO LADO, DE MANERA QUE LA OREJA QUEDE CERCA DEL HOMBRO. MANTÉN LOS HOMBROS QUIETOS Y RELAJADOS.

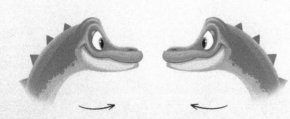

3 ROTA LA CABEZA LENTAMENTE HACIA LA DERECHA Y LUEGO HACIA LA IZQUIERDA, HASTA QUE EL MENTÓN QUEDE ALINEADO CON EL HOMBRO. EXHALA MIENTRAS ROTAS LA CABEZA E INHALA MIENTRAS REGRESAS AL CENTRO.

4 ROTA DE NUEVO LA CABEZA, PERO ESTA VEZ HACIENDO UN MOVIMIENTO CIRCULAR UNIFORME Y RELAJADO. REPITE ESTA ROTACIÓN VARIAS VECES EN AMBAS DIRECCIONES.

MEDITAR
CAMINANDO

Ya es hora de irse a casa, mis pequeños amigos. Hoy han aprendido muchas cosas, así que estoy muy orgulloso de ustedes. Vamos, hagan una fila y síganme. ¡Tú también! Haz lo mismo que nosotros: de pie, siente todo tu cuerpo, concentrándote, en cada paso que das, en la sensación que te produce el contacto entre las plantas de tus pies y la tierra.

Usa una inhalación completa para dar un paso.
Usa una exhalación completa para dar otro paso.
Inhala: "He llegado".
Exhala: "Me siento en casa".
Inhala: "Estoy feliz".
Exhala: "Sonrío".
Con cada paso que das, visualiza una flor de loto que brota de la tierra en el lugar donde has pisado.

¡Espero que nos volvamos a ver pronto!